Zola

El revolucionario

Guy de Maupassant

Vola
Archivos

www.archivosvola.es

rescatando el acervo

ISBN: 978-84-129137-0-5

Índice

ZOLA
Guy de Maupassant   7

ZOLA
Emilia Pardo Bazán   33

ÉMILE ZOLA

(París, 1840-1902)

ZOLA

Guy de Maupassant

I

Hay nombres que parecen predestinados a la celebridad, que resuenan y se graban en la memoria. ¿Puede olvidar Balzac, Musset, Hugo, quien una vez oyó estas voces breves y sonoras? Pero de todos los apellidos literarios, quizá no hay uno que salte a la vista más bruscamente y se incruste con más fuerza en la retentiva que el de Zola. Rompe como dos notas de clarín, violento, estrepitoso; penetra en el oído, lo llena con su rápida y vibrante alegría. ¡Zola! ¡Qué toque de llamada al público! ¡Qué toque de diana! ¡Y qué fortuna para un hombre de talento nacer con tal apellido, y no llamarse *Durand* ni *Dupont*.

Jamás apellido ninguno vino más de molde a nadie. Parece un arrogante reto, una amenaza de ataque, un cántico de victoria. Y verdaderamente, entre los escritores de hoy, ¿quién combatió con más brío por sus ideas? ¿Quién atacó más brutalmente lo que por injusto y falso tenía? ¿Quién ha triunfado con mayor estruendo, de la indiferencia al principio, de la resistencia vacilante del público después?

Larga fue, sin embargo, la lucha antes de lograr fama; y cual muchos de sus mayores, el joven escritor hubo de pasar por durísimos trances.

Nacido en Paris el 2 de Abril de 1840, corrió la niñez de Emilio Zola en Aix, y no volvió a Paris hasta Febrero de 1858. Aquí terminó los estudios, fracasó en el bachillerato y comenzó entonces la terrible lucha por la vida.

Encarnizada fue la pelea, y durante dos años el futuro autor de los Rougon Macquart vivió al día, comiendo donde saltaba, corriendo en busca de la fugitiva moneda de cinco francos, frecuentando más a menudo el Monte de Piedad que las fondas suntuosas, y, a pesar de todo, rimando versos incoloros, sin forma ni inspiración dignas de nota, algunos de los cuales han sido publicados por iniciativa de su amigo Pablo Alexis.

Refiere él mismo que un invierno se mantuvo bastante tiempo con pan untado de aceite, aceite enviado de Aix por unos parientes suyos, y declaraba entonces con rimada filosofía: " Mientras tenga aceite, un escritor no se muere de hambre."

Otras veces cazaba en los tejados, con garlitos, gorriones, y los asaba, sirviéndole de asador una varilla de cortina. Muchas, por tener *en peñaranda* sus últimas ropas, permanecía una semana entera en casa, sin más vestidura que una colcha, a lo cual estoicamente llamaba "hacer el árabe".

En uno de sus primeros libros, *La Confesión de Claudio*, se encuentran numerosos detalles que parecen personalísimos, y pueden dar idea exacta de lo que fue la vida de Zola por aquel entonces.

Al fin entró a desempeñar un empleo modesto en la casa editorial de Hachette. A partir de ese día quedó asegurada su subsistencia, y cesó de hacer versos para dedicarse a la prosa.

Aquella poesía abundante, fácil (harto fácil, según queda dicho), miraba más a la ciencia que al amor o al arte. En general, las composiciones de Zola eran vastos poemas filosóficos, de esas síntesis grandiosas que se ponen en verso por no ser bastante claras para expresadas en prosa. En tales ensayos no suelen encontrarse esas ideas amplias, un poco abstractas y vagas, pero conmovedoras, porque producen una sensación de verdad entrevista, de profundidad un instante descubierta, de inenarrable visión de lo infinito, de las cuales gusta M. Sully Prudhomme, el verdadero poeta filósofo; ni esos discreteos de amor, tan tenues, tan sutiles, tan agudos, tan deliciosos y tan afiligranados, en que sobresalía Teófilo Gautier. Es una poesía sin carácter determinado y acerca de la cual no se forja ilusiones Emilio Zola. Hasta confiesa paladinamente que en los tiempos de sus grandes vuelos líricos en alejandrinos, cuando *hacía el árabe* en aquel mirador, desde donde se ojeaba a París entero, a veces le asaltaban dudas acerca del valor de sus cantos. Pero jamás llegó a desesperar; y en sus mayores vacilaciones, consolábase con este pensamiento ingenuamente audaz: "Sino soy un gran poeta, seré por lo menos un gran prosista. Y es que tenía una fe robusta, debida a la íntima conciencia de un robusto talento, aún embrionario y confuso, pero cuyos esfuerzos para salir a luz sentía Zola, como la madre siente bullir al hijo que lleva en sus entrañas. Por fin publicó un tomo, los *Cuentos de Ninon*, de estilo limado, de buena cepa literaria, de verdadero hechizo; pero donde sólo se dibujaban vagamente las cualidades futuras, y sobre todo el sumo brío que había de desplegar en su serie de los *Rougon Macquart*.

Un año después dio a luz *La Confesión de Claudio*, que parece una especie de autobiografía, obra mal mascada, sin importancia ni interés mayor; luego *Teresa Raquin*, un buen libro, de donde salió un buen drama; después *Magdalena Fdrat*, novela de segundo orden, donde brillan, sin embargo, sorprendentes cualidades de observación.

Zola había salido ya de las oficinas de la casa Hachette y pasado por *El Figaro*. Sus artículos metieron ruido, su *Salón* amotinó la república de los pintores, y ya colaboraba en varios periódicos, donde su nombre iba dándose a conocer al público.

Así las cosas, emprendió la obra que había de meter tanta bulla, Los *Rougon-Macquart*, cuyo subtitulo es: *Historia natural y social de una familia en el segundo imperio*.

La especie de advertencia siguiente, impresa en la cubierta de los primeros tomos de esta serie, indican con claridad cuál era el pensamiento y propósito del autor.

"Fisiológicamente, los *Rougon-Macquart* son la lenta sucesión de los accidentes nerviosos que se declaran en una raza a consecuencia de una lesión orgánica inicial, y determinan, según el medio ambiente, en cada uno de los individuos de esa raza, sentimientos, deseos y pasiones; en suma, todas las manifestaciones humanas, naturales é instintivas, cuyos productos reciben el nombre convencional de vicios y de virtudes. Históricamente, parten del pueblo; irradian por toda la sociedad contemporánea; trepan a las cimas, guiados por ese impulso esencialmente moderno que reciben las clases bajas en marcha a través del cuerpo social; y narran así el segundo Imperio con ayuda de sus dramas individuales, desde la alevosía del golpe de Estado a la traición de Sedán."

Diré por qué orden vieron la luz las diversas novelas de esa serie que han aparecido:

La Fortuna de los Rougon, obra amplia que contiene el germen de todas las demás.

La Ralea, primer cañonazo disparado por Zola, y al cual había de responder más tarde la formidable explosión de *La Taberna*. *La Ralea* es una de las novelas más notables del maestro naturalista, brillante y rebuscada, conmovedora y verdadera, escrita con arrebato, con un lenguaje lleno de color y brío, un poco recargada de imágenes repetidas, pero de innegable energía y de indiscutible belleza. Es vigoroso cuadro de las costumbres y de los vicios del Imperio, desde lo más bajo hasta lo más alto de lo que se llama la escala social, desde los lacayos hasta las señoronas.

Viene después *El Vientre de París*, prodigioso bodegón donde se encuentra la célebre *Sinfonía de los quesos* (para emplear la denominación usual de tan curiosa página). *El Vientre de París* es la apoteosis de los mercados, de las hortalizas, de los pescados, de las carnes. Este libro huele a "frescos como las barcas pescadoras que vuelven al puerto; exhala las emanaciones azoadas de las verduras, con su sabor a tierra, con sus aromas densos y campestres. Y de los profundos sótanos del vasto almacén de víveres suben, entre las hojas del libro, las inmundas fetideces de las carnes pasadas, los repugnantes tufillos de las aves de corral acumuladas, las hediondeces de los quesos; y todas esas exhalaciones se mezclan como en la realidad, y en la lectura se vuelve a experimentar la sensación que os causaron al pasar ante ese inmenso edificio atestado de comestibles, *verdadero vientre de Paris*.

Luego viene *La Conquista de Plassans*, novela más sobria, estudio severo, exacto y perfecto de una población pequeña, de la cual se hace dueño poco a poco un ambicioso clérigo.

Sigue a ésta *El Pecado del cura Mouret*, especie de poema en tres partes, de las cuales la primera y la tercera, en opinión de muchos críticos, son los trozos más excelentes que ha escrito en toda su vida el novelista.

Le toca después la vez *A Su Excelencia Eugenio Rougon*, donde se encuentra una descripción magnífica del bautizo del príncipe imperial.

Aún tardaba en llegar el triunfo. Conocíase el nombre de Zola; los literatos pronosticaban su brillante porvenir; pero en los círculos sociales, cuando sonaba su nombre, exclamaba la gente: "¡Ah, sí, *La Ralea*!", más por haber oído hablar del libro que por haberlo leído ¡Cosa extraña! Su notoriedad era muy superior en el extranjero que en Francia. En Rusia, sobre todo, se le leía y discutía con apasionamiento; para Los rusos era ya (y sigue siendo) *el novelista francés* por antonomasia. Compréndese la simpatía que llegó a establecerse entre el escritor brutal, audaz y demoledor, y el pueblo nihilista en el fondo del alma, en quien La ardiente necesidad de destruir se convierte en una enfermedad: enfermedad fatal, es cierto, dada la escasa libertad que disfruta, en comparación de las naciones vecinas.

Y cátate que *El Bien público* da a luz una nueva novela de Emilio Zola, *La Taberna*. Prodúcese un escándalo monumental. Como que el autor emplea lisa y llanamente las palabras más crudas del idioma, no retrocede ante ninguna audacia; y perteneciendo al pueblo sus personajes, escribe en el lenguaje popular, el calé o jerga de los barrios bajos parisienses.

Llueven las protestas, se borran suscritores; inquiétase el director del periódico, se interrumpe el folletín y le reanuda luego una pequeña revista semanal, *La República de las letras*, que dirigía entonces el encantador poeta Catulo Mendes.

En cuanto apareció en tomo la novela, prodúcese inmensa curiosidad; desaparecen las ediciones, y Wolff, cuya influencia sobre los lectores del *Fígaro* es considerable, sale valiente a la palestra en pro del escritor y de su obra.

El triunfo fue enorme y estruendoso. *La Taberna* alcanzó en poquísimo tiempo la más alta cifra de venta que ha conseguido jamás un volumen durante igual periodo.

Después de ese libro estrepitoso, dio a luz una obra suavizada, *Una página de amor*, historia de una pasión en la clase media. Luego apareció *Nana*, otro libro de escándalo, cuya venta excedió a la de *La Taberna*.

II

Zola es en literatura un revolucionario, es decir, un enemigo feroz de lo pasado.

Todo el que tiene inteligencia viva, ardiente deseo de renovación; todo el que posee las cualidades activas del espíritu, es forzosamente un revolucionario por hastío de las cosas sobrado conocidas.

Educados en el romanticismo, empapados en las obras maestras de aquella escuela, conmovidos por arranques líricos, todos pasamos al principio por el período de entusiasmo, que es el de la iniciación. Pero por hermosa que una forma sea, conviértese fatalmente en monótona, sobre todo para los que sólo tratan y se ocupan desde la mañana a la noche de las letras y de ellas viven. A la larga surge en nosotros una extraña necesidad de cambio; hasta las mayores maravillas, que admiramos apasionadamente, nos hastían, porque conocemos de memoria los procedimientos de trabajo; porque somos de la casa, como suele decirse. En fin, buscamos otra cosa, ó más bien volvemos a otra cosa; pero esa "otra cosa" la cogemos, la refundimos, la completamos, la hacemos nuestra; y, a veces de buena fe, nos imaginamos haberla inventado.

Así, las letras van de revolución en revolución, de etapa en etapa, de reminiscencia en reminiscencia; porque ya a estas alturas no puede haber cosa realmente nueva. Víctor Hugo y Emilio Zola no han descubierto nada.

Las revoluciones literarias no se hacen sin gran ruido; acostumbrado el público a lo que existe, no pensando en las bellas letras sino por pasatiempo, poco iniciado en los bastidores del arte, indolente en lo que no atañe a sus intereses inmediatos, no gusta de que le arranquen a sus admiraciones acostumbradas, y teme cuanto le obligue a un trabajo mental superior al de sus negocios.

Sostiénele además en su universal resistencia un partido de literatos sedentarios, el ejército de los que siguen por instinto los surcos trazados, y cuyo talento carece de iniciativa. Esos no pueden imaginar nada que se diferencie de lo ya conocido, y cuando se les habla de nuevas tentativas, responden doctoralmente: "No es posible sobrepujar a los maestros clásicos." La respuesta tiene fondo de verdad; pero admitiendo que no se haga nada mejor que lo hecho, fuerza es convenir en que se hará de otro modo. El manantial es el mismo desde luego, pero puede cambiar su curso;

los horizontes del arte serán diferentes y sus primores revestirán formas juveniles.

Zola es un revolucionario, pero educado en la admiración de lo mismo que aspira a demoler, como un sacerdote que abandona el altar, como Renan, que al fin y al cabo sostenía la religión, aunque mucha gente le crea irreconciliable enemigo de ella.

Así, a la vez que Zola ataca violentamente a los románticos, el novelista bautizado con el nombre de naturalista emplea los mismos métodos ampliadores, pero aplicados de una manera diferente. Su teoría es como sigue: No tenemos otro modelo sino la vida, puesto que no concebimos nada más allá de nuestros sentidos; por consiguiente, deformar la vida es producir una obra mala, puesto que es producir una obra errónea.

La imaginación fue definida así por Horacio:

"Humano capiti cervicem pictor equinan
Jungere si velit, et varias inducere plumas
Undique collatis membris, ut turpiter atrum
Desinit ín piscem mulier formosa superne..."

Es decir, que todo el esfuerzo de nuestra imaginación no puede lograr más que poner una cabeza de mujer hermosa sobre el cuerpo de un caballo, cubrir de plumas a este animal y rematarlo en cola de horrible pescado; ó sea, producir un monstruo.

Conclusión: todo lo que no sea exactamente verdadero está deformado, es monstruoso. De ahí a afirmar que la literatura de imaginación sólo produce monstruos, no va ni un ápice.

Verdad que los ojos y el entendimiento de los hombres se acostumbran a. los monstruos, los cuales entonces dejan de serlo, puesto que no son monstruos sino mediante el asombro que nos causan.

Así, pues, para Zola, sólo la verdad puede producir obras de arte. Por tanto, no hay que imaginar; es preciso observar y describir escrupulosamente lo observado y visto.

Añadiré que el temperamento particular del escritor dará a las cosas que describa un color especial, un aspecto propio, según la naturaleza de su espíritu. Zola define así su naturalismo: "La naturaleza vista al través de un temperamento." Y esta definición es la más clara, la más perfecta que puede darse de la literatura en general. Este *temperamento* es la marca de fábrica; el mayor o menor talento del artista prestará mayor o menor originalidad a las visiones que nos revele.

Porque la verdad absoluta, la *ruda verdad*, no existe; nadie puede tener la pretensión de ser espejo perfectísimo. Todos poseemos tendencias morales y mentales que nos inducen a ver, ya de un modo, ya de otro; y lo que a éste le parece verdad, le parecerá error a aquél. Intentar ser verdadero en absoluto no es más sino una pretensión inasequible; a lo sumo puede aspirarse a reproducir con exactitud lo que se ha visto tal cual se ha visto, A manifestar las impresiones tal cual se han percibido, según las facultades de ver y de sentir, según la dosis de impresionabilidad de que nos haya dotado la naturaleza.

Todas las disputas literarias son, ante todo, disputas de temperamento, y casi siempre se erigen en cuestiones de escuela y de doctrina las diversas tendencias de los ingenios.

Así, Zola, que batalla con encarnizamiento en pro de la verdad observada, vive retiradísimo, no sale nunca, ignora el mundo. Entonces, ¿qué hace? Con dos o tres notas, algunos informes que espiga aquí y acullá, reconstituye personajes y caracteres, arma sus novelas. En una palabra imagina, siguiendo lo más posible la línea que entiende ser la de la lógica, costeando todo lo que puede la verdad.

Pero hijo de los románticos y romántico él mismo en todos sus procedimientos, tiene tendencias al poema, necesidad de agrandar, de amplificar, de hacer símbolos con los seres y las cosas. Está convencido de esa inclinación de su ánimo; la combate sin cesar, y al fin déjase arrastrar siempre por ella. Sus enseñanzas y sus obras están en perpetuo desacuerdo.

Pero ¿qué importan las doctrinas, puesto que sólo permanecen las obras? Y este novelista ha producido libros admirables que, a pesar de todo, a despecho de su voluntad, conservan aspecto de cantos épicos. Son poemas sin poesía de pacotilla, sin los convencionalismos adoptados por sus predecesores, sin juicios preconcebidos, sin ninguna de las recetas poéticas; son poemas en que las cosas, sean cuales fueren, surgen iguales en su realidad y se reflejan ampliadas, pero nunca deformes, repugnantes ó seductoras, feas o hermosas indiferentemente, en ese cristal de aumento, pero siempre fiel y claro, que el escritor lleva dentro de sí.

¿No es *El vientre de Paris* el poema de los alimentos; *La taberna* el poema del vino, del alcohol y de la borrachera; *Nana* el poema del vicio?

¿Qué es esto sino poesía elevada, sino la magnífica amplificación de la ganforra?

"Estaba de pie en medio de las riquezas amontonadas en su palacio, con una multitud a sus pies. Como esos monstruos antiguos, cuyos temibles dominios se veían sembrados de osamentas, asentaba sus plantas sobre cráneos y la rodeaban catástrofes: la ruina furiosa de Vandeuvres, la melancolía de Foucarmont perdido en los mares de China, el desastre de Steiner reducido a vivir como hombre honrado, la imbecilidad satisfecha de La Faloise, el trágico hundimiento de los Muffat, y el blanco cadáver de Jorge velado por Felipe, salido la víspera de la cárcel. Su obra de ruina y de muerte era un hecho; la mosca que alzó el vuelo desde la basura de los arrabales, llevando el fermento de las podredumbres sociales, había emponzoñado a esos hombres, sin más que posarse en ellos. Estaba bien, era justo; había vengado a su gente, los pordioseros y los abandonados. Y mientras que en un nimbo de gloria ascendía su sexo é irradiaba sobre esas víctimas tendidas cual un sol saliente que alumbra un campo de matanza, conservaba ella su inconsciencia de hermoso animal, ignorante de su tarea, siempre buena chica."

Por supuesto, lo que ha desencadenado contra Zola a los enemigos de todos los innovadores es el atrevimiento brutal de su estilo. Ha desgarrado y roto los convencionalismos de las conveniencias, literarias, pasando a través de ellas como un payaso musculoso por un aro de papel. Ha tenido la audacia de la palabra propia, de la frase cruda, restaurando así las tradiciones de la vigorosa literatura del siglo XVI; y lleno de altivo desprecio por las perífrasis cultas, parece hacer suyo el célebre verso de Boileau:

"Yo llamo al gato, gato, etc..."

Diríase que exagera hasta el reto ese amor a la verdad desnuda, complaciéndose en las descripciones que se sabe han de indignar al lector, y atiborrándole de palabras groseras para enseñarle a digerirlas, a que no vuelva a hacer ascos.

Su estilo amplio y muy figurado, no es sobrio y preciso como el de Flaubert, ni cincelado y refinado como el de Teofilo Gautier, ni sutilmente cortado, atildado, complicado, delicadamente seductor como el de Goncourt; es superabundante e impetuoso cual desbordado río que todo lo arrolla.

Habiendo nacido escritor, maravillosamente dotado por la naturaleza, no trabajó como otros en perfeccionar hasta el exceso el instrumento que emplea. Se sirve de él cual dominador, lo conduce y regula a su antojo, pero nunca le arranca esas pasmosas frases que en ciertos maestros se encuentran. No es un violinista del idioma, y aun a veces parece ignorar qué vibraciones prolongadas, qué sensaciones imperceptibles y exquisitas, qué espasmos de arte producen ciertas combinaciones de palabras, ciertos incomprensibles acordes de sílabas, en el fondo de las almas de los refinados fanáticos, de esos que viven para el verbo y no comprenden nada fuera de él.

Estos son contados, contadísimos, y nadie les comprende cuando hablan de su idolatría por la frase. Se les trata de locos, sonriéndose, encogiéndose de hombros, y se proclama que la "lengua debe ser clara y sencilla, nada más"

Tiempo malgastado hablar de música a personas que no tienen oído.

Emilio Zola se dirige al público, al público grande, a todo el público, y no a los refinados solamente. No tiene necesidad de tantas sutilezas; escribe claro, en hermoso estilo sonoro. Ya basta.

¡Qué de burlas no se le han dirigido, qué chacotas groseras y siempre iguales! En verdad que es fácil escribir de crítica literaria comparando eternamente a un escritor con un pocero en funciones del servicio, a sus amigos con los ayudantes del pocero, y sus libros con vertederos y alcantarillas. Este género de zumba no conmueve en manera alguna a un creyente que ha medido sus fuerzas.

¿De dónde proviene ese odio? De múltiples causas. En primer término, la ira de las gentes perturbadas en la tranquilidad de sus rutinarias admiraciones; después los celos de ciertos colegas y la animosidad de otros a quienes hirió en sus polémicas; por último, la exasperación de la hipocresía desenmascarada.

Porque Zola ha dicho en crudo lo que pensaba de los hombres, de sus arrumacos, y de sus vicios ocultos tras apariencias de virtud; pero tan arraigada está entre nosotros la hipocresía, que todo se permite menos eso. Sed lo que queráis, haced lo que se os antoje, pero arreglaos de manera que os podamos tomar por hombres honrados En el fondo os conocemos bien, pero nos basta con que aparentéis lo que no sois; y os saludaremos y os daremos la mano cordialmente.

Emilio Zola ha arrancado antifaces y se ha tomado sin vacilaciones la libertad de decirlo todo, la libertad de referir lo que hace cada cual. No le ha engañado la universal comedia, y no se ha querido mezclar en ella. Ha exclamado de este modo:

–"¿Por qué mentir así? No deslumbráis a nadie. Bajo todas las caretas, conócense todas las caras. Al cruzaros unos con otros, os dirigís finas sonrisas que significan: "Estoy en el secreto" Os cuchicheáis al oído los escándalos, las anécdotas escabrosas, las interioridades sinceras de la vida; pero si algún atrevido se pone a hablar alto, a referir con tranquilidad, sin aspavientos ni eufemismos todos esos secretos a voces de la gente de mundo, alzase un clamoreo de indignaciones fingidas, pudores de Mesalina y susceptibilidades de Roberto Macario. Pues bien, os desafío: ese atrevido seré yo."

Y lo fue. En las letras, quizá nadie ha excitado más odios que Emilio Zola. Tiene por añadidura la gloria de poseer enemigos feroces, irreconciliables, que en toda ocasión caen sobre él como furiosos y emplean cualquier arma, al paso que él los recibe con buenos modos de jabalí. Son legendarios sus colmillazos.

Si alguna vez los achuchones recibidos le han magullado un poco, ¡cuántas cosas posee para consolarse. No hay escritor más conocido, más divulgado por todos los ámbitos del mundo. En las más chicas ciudades extranjeras encuéntranse sus libros en todas las librerías, en todos los gabinetes de lectura.

Sus más rabiosos adversarios no niegan su talento, y el dinero que tanto le faltó, entra ahora en su casa a carretadas.

Emilio Zola tiene la rara fortuna de poseer en vida lo que muy pocos logran conquistar: la celebridad y la riqueza. Contados son los artistas que obtuvieron esa felicidad; al paso que son innumerables los que no han llegado a pasar por ilustres sino después de muertos, y cuyas obras no se han pagado a peso de oro sino a sus herederos.

III

Zola nació el 2 de Abril de 1840. Su tipo físico corresponde a su talento. Es de estatura regular, algo grueso, de aspecto bondadoso, pero obstinado. Su cabeza, parecida a las que vemos en muchos cuadros italianos antiguos, sin ser hermosa, presenta gran carácter de energía y de inteligencia. Los cabellos cortos, se encrespan sobre la despejada frente, y la nariz recta termina, como cortada de pronto por un golpe de cincel sobrado brusco, encima del labio superior, sombreado por un bigote negro, bastante espeso. Toda la parte inferior de la cara, rechoncha pero enérgica, está cubierta de barba afeitada casi a flor de la piel. Los ojos negros, miopes, de mirar penetrante y escudriñador, se sonríen, ya picarescos, ya irónicos; al paso que un pliegue particularísimo arremanga el labio superior de una manera festiva y burlona.

Toda su persona, oronda y fuerte, produce el efecto de una bala de cañón; lleva resueltamente su apellido brutal, con dos sílabas que botan con el estampido de las dos vocales. (La palabra italiana *zolla* –pronúnciase *dsola*–, significa terrón. N. del T.)

Su vida es sencilla, muy sencilla. Enemigo del gentío, del barullo, de la agitación parisiense, vivió al principio retiradísimo, en domicilios lejanos de los barrios bulliciosos. Ahora vive refugiado en su quinta de Medan, que ya no abandona casi nunca.

Sin embargo, tiene casa puesta en París, donde pasa unos dos meses al año. Pero parece aburrirse en ella, y se aflige de antemano cuando le va a ser preciso dejar la aldea.

En París como en Medan, sus costumbres son las mismas. Sus facultades para el trabajo parecen extraordinarias. Levántase temprano y no interrumpe su tarea hasta la una y media de la tarde, para almorzar. Vuelve a sentarse a trabajar desde las tres hasta las ocho, y a menudo hasta pone otra vez manos a la obra por la noche. De tal manera, sin dejar de producir dos novelas anuales, ha podido suministrar durante largos años un artículo diario al *Semáforo de Marsella*, una crónica semanal a un gran periódico parisiense y un extenso estudio mensual a una importante revista rusa.

Su casa no se abre sino para sus amigos íntimos, y permanece cerrada a cal y canto para los indiferentes. Durante sus residencias en París, recibe por lo general el jueves de noche. En su casa se encuentran su rival y amigo Alfonso Daudet, Turguenief, Montrosier, los pintores Guillemet, Manet, Coste, los jóvenes escritores que se le atribuyen como discípulos, Huysmans, Hennique, Céard, Rod y Pablo Alexis, con frecuencia el editor Charpentier. Duranty era un concurrente habitual. A veces se presenta Edmundo de Goncourt, que sale poco de noche porque vive muy lejos.

Para las gentes que buscan en la vida de los hombres y en los objetos de que se rodean las explicaciones de los misterios de su espíritu, Zola puede ser un caso interesante.

Este fogoso enemigo de los románticos se ha creado en el campo y en Paris interiores románticos enteramente.

En París, su dormitorio está colgado con tapicerías antiguas; un lecho estilo Enrique II se adelanta al centro de la vasta estancia, iluminada por antiguas vidrieras de iglesia que difunden sus luces multicolores sobre mil objetos de capricho, inesperados en aquel antro de la intransigencia literaria. Por todas partes telas antiguas, bordados de seda envejecidos, seculares ornamentos de altar.

En Medan es idéntica la decoración. La casa, una torre cuadrada al pie de la cual se agacha una microscópica casita, cual un enano que viajase con un gigante, está situada a lo largo de la línea del Oeste; y de rato en rato los trenes que van y vienen parecen atravesar el jardín.

Zola trabaja en medio de una estancia demasiadamente grande y alta, iluminada en toda su anchura por una galería de cristales que da a la llanura. Y ese inmenso gabinete está colgado también con inmensos tapices, y lleno de muebles de todos tiempos y países. Armaduras de la Edad Media, auténticas ó no, están próximas A asombrosos muebles japoneses y graciosos objetos del siglo XVIII. La chimenea monumental, con dos cariátides de piedra a los lados, podría quemar en un día un monte de leña, la cornisa es dorada, y sobre cada mueble hay un montón de cachivaches artísticos.

Y sin embargo, Zola no es coleccionista. Parece comprar por comprar, en revoltillo, al azar de su capricho excitado, siguiendo los antojos de su vista, la seducción de las formas y del color, sin preocuparse, como Goncourt, de los orígenes auténticos y del valor innegable.

Por el contrario, Gustavo Flaubert tenía odio al *bibelot*, juzgando necia y pueril tal manía.

En su casa no se encontraba ninguno de esos juguetes que se llaman "curiosidades", "antiguallas" ú "objetos de arte". En París, su gabinete, colgado de persia, carecía del encanto propio de los lugares habitados con amor y adornados con pasión. En su quinta de Croisset, la vasta estancia donde se afanaba el tenaz trabajador, no tenía más adorno en las paredes sino libros. Sólo de trecho en trecho, algunos recuerdos de viaje o de amistad, y nada más.

¿No ofrece tal contraste un curioso tema de observación a los psicólogos quintaesenciados?

En frente de la casa de Zola, detrás de la pradera separada del jardín por la vía férrea, el novelista distingue desde sus ventanas la ancha cinta del Sena corriendo hacia Triel; después, una llanura inmensa y aldehuelas blancas en las laderas, de lejanos ribazos, y encima bosques que coronan las alturas. A veces, luego de almorzar, baja por una encantadora alameda que conduce al río, cruza el primer brazo de éste en su barca *"Nana"* y llega a la isla grande, parte de

GUY DE MAUPASSANT

(Château de Miromesnil, 1850 - Passy, 1893)

la cual acaba de comprar. Ha hecho construir allí un elegante pabellón, donde cuenta recibir en verano a sus amigos.

Hoy, Zola parece que tiene abandonado el periodismo, pero su despedida de la batalla cotidiana no es definitiva, y el día menos pensado le veremos renovar en la prensa la lucha por sus ideas; porque es luchador de raza, y durante años ha combatido sin tregua y sin el más pequeño desfallecimiento. Existen coleccionados en tomos todos sus artículos doctrinales, y forman sus *Obras críticas*.

Sus clarísimas ideas están expuestas con raro vigor. Sus *Documentos literarios*, *Los novelistas naturalistas*, *Los autores dramáticos franceses* pueden clasificarse entre los documentos de crítica más interesantes y originales que existen. ¿Son concluyentes? A esto se puede contestar: "¿Hay alguna cosa concluyente, indiscutible? ¿Hay una sola verdad evidente y segura?"

Para completar la enumeración de sus libros de polémica, citemos *Mis odios*, *La Novela experimental*, *El Naturalismo en el teatro* y *Una campaña*.

El teatro es una de sus preocupaciones. Zola comprende, como todo el mundo, que pasaron los enredos a la antigua, los dramas a la antigua, todo el antiguo sistema escénico. Pero no parece haber dado aún con la *nueva fórmula* (para emplear su expresión favorita), y sus ensayos, hasta la fecha, no han salido victoriosos, a pesar del movimiento que produjo su drama *Teresa Raquin*.

Este drama terrible causó en un principio un efecto de pasmo profundo; quizá el mismo exceso de la emoción perjudicase su triunfo definitivo. Se ha tratado muchas veces de volver a ponerlo en escena, sin obtener la decisiva victoria.

La seguida obra dramática de Zola, *Los herederos Rabourdín* se representó en el teatro Cluny, bajo la dirección de uno de los hombres más audaces é inteligentes que de mucho tiempo acá se han visto al frente de un teatro parisiense, M. Camilo Weinschenk. La obra, aplaudida, pero no bien interpretada, desapareció de los carteles.

Por último, *Capullo de Rosa*, en el Palacio Real, fue una verdadera caída, sin esperanzas de desquite. Zola acaba de terminar un gran drama tomado de *La Ralea*, y se susurra que otra pieza más. Pudiera ser que el papel principal de la primera de estas obras estuviese a cargo de Sara Bernhardt.

Sea cual fuere el éxito futuro de esas tentativas dramáticas, es cosa probada ya que el insigne escritor posee altísimas dotes para la novela, y que sólo esta forma se presta del todo al completo desarrollo de su vigoroso talento.

Artículo publicado en *Le Gaulois*, París, 14 de enero de 1882

ZOLA

Emilia Pardo Bazán

Emilio Zola nació el año 40, en París. Su cuerpo era robusto, mediana su estatura, su cara más bien vulgar, la nariz remangada, miopes los ojos. Gastaba quevedos. Dicen que la única singularidad de su organismo fue la finura del olfato. En sus novelas, los olores desempeñan gran papel. Su padre, veneciano, de profesión ingeniero, después de azarosa vida, murió joven, y dejó a su mujer y a su hijo en una estrechez pronto convertida en miseria. Emilio no descolló en los estudios; le desagradaban las humanidades; se jactaba de no haber leído nunca a Virgilio; y en 1860 se alababa todavía de no conocer la gramática ni la historia. Sus devociones literarias eran Montaigne, Rabelais, Diderot, Víctor Hugo, Musset. A los dieciocho años, reprobado en los exámenes, en la mayor necesidad su madre y él, cayó en la bohemia y escribió versos. Adoraba en Jorge Sand, y soñaba con lo que Musset había satirizado:

"J'accouchai lentement d'un poème effroyable.
La lune et le soleil se battaient dans mes vers...".

Zola escribió un poema así, revelador de su inclinación a las cosas vastas y seriales.

No tardó en renunciar a los versos, y decidido a trabajar, por no ser gravoso a su madre, logró al fin colocarse en casa de Hachette, el librero editor, ganando muy modesto sueldo. Con tal ocasión, empezó a conocer escritores. Todavía soñaba que Hachette le publicase el poema: Hachette le aconsejó que se dejase de rimar y escribiese cuentos en prosa. ¡Y hablarán de la falta de olfato de los editores!

Verdad que después, los cuentos le parecieron muy fuertes a Hachette, y los publicó Lacroix. Desde entonces, Zola escribió en diarios artículos de crítica artística y literaria, hasta que dejó su empleo para dedicarse por completo a las letras. Entró en el *Figaro*, donde trabajó también en crítica de arte y libros, y donde el famoso Villemessant, el director, comenzó a distinguirle, a pesar de que iba "trajeado como un zapatero". Sus artículos eran ya manifiestos naturalistas; llamaban la atención demasiado; escandalizaban. Alarmado, Villemessant le obligó a mudar de estilo, y las críticas de Zola, suavizadas, pasaron inadvertidas. Al comprender que ya no le leían, rogó a Villemessant que le dejase ensayar la novela, y escribió *El deseo de una muerta*, obrita *azul*, que pasó sin pena ni gloria. Y ya tenía Zola veintiséis años; y sólo se le conocía como periodista –un poco–. En vista de la inocencia e insignificancia de la novela. Villemessant, que era expeditivo, le dio el canuto. He aquí como nadie, por ducho que sea, debe aconsejar a un principiante, y por qué yo devuelvo, sin leerlos, los manuscritos que me envían, con la ansiosa interrogación del autor, que pregunta si creo que "puede dedicarse a la carrera literaria".

Con algunas economías, trabajando a salto de mata, realizando tentativas teatrales y efímeras colaboraciones en la prensa, luchó algún tiempo, sin desalentarse, Emilio Zola. Pudo al fin relacionarse con un grupo de literatos que pensaban fundar un periódico atacando al Imperio y defendiendo a Víctor Hugo, y que al fin apareció, titulándose *Le Rappel*. Se le admitió en él, pero, en el *Rappel*, el Dios era Hugo, y Zola se permitía elogiar a otros escritores, especialmente a Balzac. No solamente salió botado de la redacción, sino que, en treinta años, cuando atronaba su fama, no volvió a nombrarle el periódico.

Poco después publicó Zola *Teresa Raquin*. En esta obra ya profesa su doctrina literaria, y se precia de escribir libros científicos, de ser un clínico de la novela. La caída del Imperio se acercaba. Zola vivía en el barrio latino. En 1870 se casó, y se llevó consigo a su madre. Durante el sitio de París, que cogió dentro a tantos escritores señalados, Zola no estaba en la ciudad; hallábase en Marsella con su familia. No produciendo nada en aquellas críticas circunstancias la literatura propiamente dicha, Zola solicitó un empleo, y le nombró subprefecto de Castel Sarrazin el Gobierno de la República. No llegó a desempeñar sus funciones. Terminada la guerra, la literatura renacería sin duda, y renació, y Zola, después de varios incidentes del orden editorial, entre los cuales descuella la generosidad del editor Charpentier, su honradez, que puso a Zola en condiciones de vivir anchamente, empezó la publicación de los *Rougon Macquart*.

Lo que Zola retrató, más o menos fielmente, en esa serie de novelas, fue la sociedad y sus clases, en el período que media entre el golpe de Estado y el desastre; de 51 a 71. La idea, sin embargo, y parte de la ejecución de estas novelas tan contrarias al Imperio (aunque no faltas de rasgos de imparcialidad al estudiar la figura del Emperador), fueron anteriores a su caída. Los acontecimientos dieron mayor libertad a la pluma de Zola. Y con el *Assommoir* (*La Taberna*) comenzó el estrépito. Desde entonces cosechó el maestro de Medan admiración, curiosidad, insultos a carretadas. Para unos fue el revelador, para otros el cerdo.

No me pararé a estudiar una por una las novelas de Zola. Sólo de algunas hablará. De la mayor parte de ellas se ha escrito hasta la saturación: más conocidas son, como suele decirse, que la ruda. De las últimas, las evangelistas, poco trató la crítica seria, e hizo perfectamente. Apenas pertenecen al arte.

Lo que descuella en la labor de Zola, es principalmente el estudio de costumbres populares, *La Taberna*; el de la vida minera, *Germinal*; el de historia contemporánea, *El desastre*. Lo demás, aunque merezca atención, es, a mi ver, inferior a estas obras, sobre todo considerándolas como documentos. Y esto me obliga a exponer rápidamente el plan que guió la pluma de Zola.

La idea de los *Rougon Macquart* procede, no cabe duda, de la *Comedia humana* de Balzac. La diferencia consiste en que Zola, dominado por una intención científica y prendado de las teorías de Darwin, hizo del principio de la transmisión hereditaria el eje de su vasto proyecto. De un antecesor loco y de otro alcohólico, descienden gran parte de los personajes de sus novelas, y en ellos mostró las neurosis, las inclinaciones funestas y los estigmas degenerativos que llevaban en la sangre. Borrachos, asesinos, meretrices, desequilibrados geniales, agitadores políticos, negociantes defraudadores, son las ramificaciones del famoso árbol genealógico.

No cabe negar la fuerza de la transmisión hereditaria. Todos la comprobamos a cada momento, y la Escritura, en su enérgico lenguaje, nos dice que los padres comieron el agraz y a los hijos les rechinaron los dientes. Sin embargo, muchas influencias naturales y educativas contrastan las fatalidades. Cuando de herencias morbosas se habla, yo recuerdo el caso de los Borgias, familia criminal en Italia, familia santa en España, y toda de la misma sangre. Exagerando el fatalismo de la herencia, Zola cayó –de fijo sin saberlo– en la encerrona teológica de la predestinación. *Los Rougon Macquart*; queriendo probar demasiado, nada prueban.

Si hubiese conseguido su objeto, demostrando algo por medio de tantas páginas impresa, los Rougon serían verdaderamente, como quiso su autor, documentos históricos, en que un Tácito o un Suetonio moderno estudia a una sociedad corrompida y decadente. No diré que no haya algo de esto en los Rougon, y que no sean un testimonio, pero la observación, en Zola, es demasiado sistemática para que convenza; y, además, del tronco de la loca y el alcoholizado brotan ramas tan diferentes, que ningún principio cabe establecer, dentro del rigor científico a que Zola aspira y no puede alcanzar.

El propósito de Zola –que no quería fiar nada al capricho, y preparó reflexivamente el plan, asunto y sentido de cada novela de la serie– fue, como sabemos, estudiar el estado de Francia bajo el segundo Imperio, principalmente en las clases populares, por medio de la historia "natural y social" de una familia. El primer tomo de los Rougon lo escribió antes de la caída del régimen, en los momentos favorables, para él, del plebiscito. La tragedia nacional dio libertad a su pluma, y le entregó redondo el brillante y efectista desenlace. "Necesitaba yo –dice– la caída de los Bonapartes, como artista". Así tenía hasta moraleja el cuadro "de un reino muerto, de una época extraña de vergüenza y locura".

Deliberadamente, se circunscribió a los veinte años del reinado, trazándose la tarea por medio del conocido "árbol", curioso pergamino de genealogía novelesca, donde en lugar de la sangre azul, se prueba la sangre viciada. La neurosis corre con la savia de ese árbol maldito, engendrando abyecciones, ignominias, crímenes y torpezas sin número. Pero también aparecen, entre la misma casta, gentes normales y buenas, individuos geniales y sabios, y no hay consecuencias que sacar, al menos con fundamento. Cada novela de la serie, si algo probase, probaría, demostraría una cosa diferente; pero el aspecto de científico y pensador de que anheló revestirse Zola, queda eclipsado por el de artista y poeta (entendida esta última palabra de otro modo que suele entenderse, y fijándose en que, por ejemplo, el Dante, poeta altísimo, no ha omitido el horror, ni aun la escatología, en su *Infierno*, lo mejor de la *Divina Comedia*).

En la primera novela de la serie, *La fortuna de los Rougon*, el golpe de Estado se prepara, con hilos que parten de París, en un medio provinciano, la ciudad de Plassans, que no es sino Aix, en Provenza. Hay una Rougon ambiciosa y solapada que se propone medrar, y encuentra ocasión favorable en la conjura, y otro Rougon, entusiasta republicano, que hasta el último instante defiende la libertad; hay un bonito idilio, muy idealista, entre dos casi niños, Silverio y Miette, y hay un levantamiento popular grandiosamente tratado. Es una sinfonía que contiene parte de los motivos de la ópera.

En *La ralea*, el régimen aparece triunfante, el agio desatado, y la corrupción gangrenando a una sociedad, no diré elegante, ni menos aristocrática, pero si refinada y pervertida; los personajes pertenecen a la alta burguesía y a la banca.

Se destacan en *La ralea* trozos de magnífica intensidad, justamente con aquellos en que el autor se abandona a la fantasía –como las páginas que describen la estufa, nido del incestuoso amor de Renata y Máximo–. No importa que las plantas lleven nombres botánicos exactos, ni que, con fuerza plástica inaudita, Zola nos haga ver de bulto sus velludas hojas y respirar sus ponzoñosas emanaciones. Lo mismo hará años después Mirabeau en el visionario *Jardín de los Suplicios*, y no por eso sentiremos la impresión de lo verdadero natural. En *La ralea* puede notarse ya el predominio de la imaginación sobre los elementos reales. En otras novelas, llegará a imponerse por completo.

También se inicia, en *La ralea*, la absorción y anulación de los seres humanos por los objetos y el medio. Plenamente se mostrará en *El vientre de París*. No hay allí más héroe que el Mercado (*Halles centrales*), y así como en *La ralea* cantan en coro estrofas de perversidad los vegetales raros, en *Al vientre* lo hacen los olores de las vituallas, dominando los quesos. Aparece el procedimiento favorito del novelista: sacar de lo repugnante y trivial lo hermoso, mediante el relieve y energía de la descripción. Este mérito lo reconoció Sarcey, que con Zola no fue blando. El caso de una novela en que los personajes interesan menos que el fondo, no era nuevo, por otra parte: recuérdese *Nuestra Señora*, de Víctor Hugo, donde la heroína no es Esmeralda, sino la Catedral. La nueva estética difiere en que reemplaza a la Catedral el Mercado, o el gran Almacén de novedades, o la mina, o la red de caminos de hierro, o la Bolsa.

En *La conquista de Plassans*, Zola rivaliza con Balzac en certera observación de costumbres de provincia. Hay figuras trazadas con energía singular, también balzaciana, como la de la vieja labriega, madre del cura ambicioso, y la del pacífico burgués, transformado por el ultraje y la desgracia en loco incendiario.

En *El pecado del cura Mouret*, da Zola rienda suelta a una imaginación calenturienta y hasta visionaria. Los amores de Sergio y Albina, el género de muerte de esta, el cuadro del Paradou, son la negación de la ciencia, del método experimental y de la fisiología. No es el naturalismo, sino la Escritura, quien inspiró la leyenda simbólica del árbol enorme, en el centro de una naturaleza paradisíaca, y bajo el cual la humanidad conoce el pecado.

Las cinco o seis novelas primeras de la serie de los Rougon Macquart, poseían originalidad y vigor más que suficientes para que el público se hubiese fijado en ellas. No fue así, sin embargo, y un biógrafo de Zola nos dice que, si no publica el *Assommoir*, literariamente estaba perdido; que no se le compraba, ni se le leía, y se le hubiese olvidado del todo. Desde el *Assommoir*, recibió Zola las andanadas de injurias y el epíteto de "pornógrafo", y cuando se le clasificó como puerco, los lectores, en masa, vinieron a él.

No sería justo desconocer que entre las novelas de Zola, y a pesar de crudezas y brutalidades, el *Assommoir* es, en su género, una obra maestra. Pudo deberse su extraordinaria resonancia, en gran parte, a causas distintas de su valer: así y todo, no cabe negarlo. Acaso el asunto estaba en armonía con las facultades especiales del autor; acaso encontró, en la psicología elemental del pueblo, mayor campo al dominio de los instintos, a la pintura violenta de la fatalidad del vicio. Sea lo que fuere, en el *Assommoir* –mal llamado así, se ha repetido, pues las tabernas se nombran de otros modos en francés– dio Zola la nota sobreaguda de su originalidad, se mantuvo en los límites de la verdad y de la verosimilitud (muy repugnantes, convenido), equilibrando bien el elemento descriptivo y el narrativo, cuya medida ha solido perder en otras obras. El Teniers, el Rubens y el Rabelais de que hay rasgos en Zola, se unieron en el *Assommoir*.

Notemos que, en el *Assommoir*, Zola retrata al pueblo (y, para no generalizar, digamos al pueblo de los arrabales parisienses) de un modo imparcial, que se aproxima al estudio científico. Cuando, años después, extraviado por la política, quiera halagará la muchedumbre, escribirá la rapsodia de Trabajo... sentenciada a los limbos de las obras falsas y mediocres. La suma de verdad posible en novela, está en el *Assommoir*. Sin pretender que haya reproducido exactamente el caló o jerga de los obreros, cosa que se discutió mucho y no tiene gran importancia, las ideas, sentimientos y mentalidad de sus personajes sangran de puro reales y causan la impresión, ya cómica, ya dramática y a veces trágica, de lo que cabe en tal vivir. Lo cómico –sin ingenio, cómico amargo y pesimista– abunda más en el *Assommoir* que en ninguna otra novela de Zola. Son modelos acabados las escenas del lavadero, las bodas de Gervasia y Coupeau, el banquete en el taller de planchado, el entierro de la vieja. Lo cómico no es igual en todos los escritores, ni en todos los artistas plásticos. Hay caricaturas que provocan a risa indulgente, y otras que desuellan y queman el alma.

Nótese el influjo de esta obra en el destino de su autor. Clasificado, después del *Assommoir*, como reaccionario y enemigo del obrero (más adelante se le declarará enemigo del hogar y de la clase media por *Pot Bouille*), la enorme resonancia y venta insólita del libro fue unida a la impopularidad y la odiosidad furiosa.

Ningún otro autor sufrió tal desate de ignominia y escarnio. Rey de la basura; emperador de los gorrinos; autor que huele a bestia; literato pútrido; insultador de obreros; pocero del alcantarillado; esto y cosas peores le llamaron a gritos, y si es cierto que le hicieron el reclamo, fue a costa de un paseo semejante al que dio el César Aulo Vitelio hacia las Gemonías, entre oleadas de gente que le cubría de dicterios, y no de dicterios tan sólo. Y el ultraje infunde sed de honor. Zola, en apariencia impávido, quedó sediento.

Al *Assommoir* sigue *Una página de amor*, obra sin crudezas, que parece iniciar el sistema de las concesiones, ofreciendo al público cuadros apacibles, en un ambiente honrado. En *Una página de amor* fue donde vio la luz el tan comentado árbol genealógico, que Pompeyo Gener trata de pueril. Ha sido para Zola esto de la pretensión científica, en el arte, el talón de Aquiles. La ciencia y el arte coinciden muchas veces, pero no hay medio de uncirlos al mismo yugo, porque la ciencia es, o debe ser, bovina, y el arte, aguileño.

Mientras el naturalismo de escuela, discutido, puesto en la picota, era un ruidoso y clamoroso acontecimiento –los años de 78 a 88– Zola publica sucesivamente *Nana*, *Pot Bouille*, *Au bonheur des dames*, *Germinal* y *La alegría de vivir*. Traduzco los títulos que puedo, pero algunos me parecen intraducibles.

Nana es la novela de la *cocotte* parisiense, que realmente ejerció supremacía, como las héteras en Atenas, durante el segundo Imperio, cuando se modelaban copas de la forma del seno de Cora Pearl. Hay que reconocer que Zola no poetizó a su impura, al contrario: separándose de la tradición de las Margaritas Gautier y otras traviatas románticas y sensibles, prestó a Nana la vulgaridad, la ignorancia y la ordinariez habituales en sus congéneres. Representa *Nana*, en la serie de los *Rougon Macquart*, la herencia de vicio y lujuria, como el Claudio Lantier de *La obra* la transformación de la neurosis en genio, y Sergio Mouret en misticismo, pues la neurosis es, a decir verdad, un comodín.

En *Pot Bouille*, Zola, como si quisiese demostrar que no sólo en la esfera en que revolotea Nana, la "mosca de oro", fermentan las infecciones, diseca la clase media, cobijada en una de esas casas de vecindad, de aspecto respetable, de portero digno y escalera decorada con lujo falso. Detrás de aquellas paredes, suceden tantas indecencias, o más, que en el taller de planchado de Gervasia. La inmundicia se acumula en proporción superior a la realidad, que no reúne tantos tipos de bajeza morad en un inmueble. Esta novela, sin ser en conjunto de lo mejor de Zola, tiene páginas de extraordinaria fuerza cómico-triste, como aquella en que madre e hijas vuelven de un sarao, a pie y perdiendo los zapatos en el lodo, y no encuentran en el aparador con qué calmar su hambre, mientras el padre vela, a la luz de un quinqué, haciendo fajas para periódicos, ganando así los guantes y las flores artificiales que han de lucir sus niñas. La vida cursi, el quiero y no puedo, las combinaciones de miseria y vanidad, son estudios magistrales, pero la obra peca, por el procedimiento tan característico en Zola, de condensar y hacer comprimidos de cuanto de vil, mezquino y miserable existe en un medio ambiente, eliminando lo que puede producir la sensación compleja de la vida. Olvidar que también existe lo bueno, y en especial lo indiferente, es grave error de perspectiva. En el *Assommoir*, había algunos obreros honrados, y hasta excelentes, como *Gota de oro*; la heroína era, en el fondo, una bondadosa mujer, y lo propio su marido, y lo serían siempre, a no mediar el alcohol; *Pot Bouille*, en puridad, no presenta un sólo ejemplar humano que no merezca, ir a presidio, excepto aquel novelista, en que Zola se representa a sí propio.

Igual método de acumulación encontramos en *La alegría de vivir*. Todos son dolores, sufrimientos, patología, y aunque por desgracia esto suceda a veces, causa depresión. A partir de *Pot Bouille*, el público empieza a dar señales de fatiga, a girar en otras direcciones; su curiosidad, exige nuevos excitantes, de más poder; las ediciones no se agotan tan rápidamente. Ni el reporterismo, nota que domina en *Au bonheur des dames*, estimula ya los gastados paladares. La prolija descripción de esos grandes almacenes, que han puesto la tentación del lujo al alcance de las bolsas flacas; el desbordamiento de gasas, rasos y encajes, el ir y venir de vendedoras por las galerías del palacio de la Moda, parecieron, y lo son, algo muy lento y de una documentación sobrado visible. Entonces, Zola, alejándose del brillante y frívolo bazar, bajó a las entrañas de la tierra y publicó *Germinal,* su novela de mineros.

Es *Germinal* obra poderosísima, por momentos miguelangelesca, distante, sin embargo, del robusto equilibrio que se advierte en el *Assommoir.* Hay trozos soberbios en *Germinal,* y otros que más parecen obra de Víctor Hugo que de un pontífice naturalista. La crítica que hizo Valera de algún detalle de *Germinal* es justa, y por mucho que Zola haya, estudiado de cerca las costumbres de los mineros, sin duda en el *coron* no existía tanta suciedad moral y física, ni era fácil que ocurriese lo que ocurre entre Esteban y Catalina en el fondo de la galería inundada, después de tales horrores y abstinencias, y que el ilustre escritor califica de "Pafos y Amatunte en ayunas y en pocilga". El romanticismo, el temperamento poético (poeta de la miseria humana, pero poeta al fin) de Zola, brotan en *Germinal* como el fuego *grisú* de las fisuras de la cueva, y lucen que, si la mitad de *Germinal* es de verdadera y tremenda observación, la otra mitad sea de una fantasía épica, desatada. Con todo eso, parcialmente, es la obra de Zola donde sus facultades peculiares se desarrollan más impetuosas, se afirman con mayor potencia creatriz, en descripciones magníficas, en trozos de factura magistrales, como el del paso de la horda que pide pan. El asunto de la novela es un acierto, desde el punto de vista del interés: de los obreros, son los mineros los más desgraciados, o por mejor decir, son los únicos necesariamente desgraciados, por la índole de su trabajo mismo; y la marea de las reivindicaciones socialistas tiene que alzar más irritada espuma, y las huelgas presentar cuadros más lastimosos y terroríficos en el ambiente minero; los hechos reales lo han demostrado. Un tema de importancia mundial, tan actual, tan extenso, en que se pueden mover tan grandes masas y remover tanto instinto, fue, sin duda, hallazgo para el novelista. El primero lo tuvo con el *Assommoir*, el tercero con *El desastre* (*La debâcle*). Claro es que la obra no redunda en pacificación social; claro es que no contribuye a calmarlas pasiones ni los odios. De sus efectos hemos tenido aquí siniestro testimonio, si es cierto que el anarquista de la tragedia de Santa Águeda murió pronunciando ¡*Germinal*! Sin embargo, no es una novela de tesis; no es una novela a lo Eugenio Sue; no son *Los miserables*, de Víctor Hugo.

A *Germinal* sigue *La obra*. Es la novela de un pintor genial, de un degenerado superior, que no acierta a producir la obra maestra soñada; de quien el público hace befa en la Exposición, comentando con carcajadas mofadoras su envío, y que, desesperado de su impotencia, se ahorca. Hay en la lucha del pintor algo de simbólico; Zola asoma en aquellas páginas, defendiendo su propio litigio.

Después aparece *La Tierra*, novela de costumbres labriegas, que merece párrafo aparte.

La Tierra señala el ocaso del naturalismo de escuela, reprobado y detestado en general, en sus principios y en las obras que produce, aunque se lean con avidez y se traduzcan a todos los idiomas.

La protesta, desde la publicación del *Assommoir*, se repite frecuentemente, muchas veces sin examen, otras fundada en censuras razonadas y serias. Los raudales de la sensibilidad, que volvían a manar, eran contrarios a Zola, a quien yo había oído exclamar, paseándose arriba y abajo por el *grenier* de Goncourt: "¡Cuánto misticismo en este fin de siglo!". Los autores rusos se habían hecho populares en París, y su naturalismo, impregnado de ese orden de sentimientos que el cristianismo ha madurado en los pueblos y en las razas, era más sincero, completo y humano. La literatura rusa, en este período, es más que una influencia: es una conquista. La literatura inglesa había influido, sin duda, con Dickens y Thackeray, dados a conocer por Taine, con Emerson traducido, con el "naturalismo moral" de Jorge Elliot, y con las doctrinas de Darwin; la mentalidad alemana, con la difusión de las enseñanzas de Hégel, Shopenhauer y Strauss, con el culto de Goethe, de Schiller y de Enrique Heine, y con la irrupción batalladora del vagnerismo. Pero todas estas corrientes de pensamiento y de arte, en su mayoría contrarias al naturalismo de escuela, no precipitaron su fin como lo precipitó el descubrimiento del nuevo mundo de la novela rusa, con su pléyade de talentos y de genios: Gogol, Tolstoy, Turguenef, Dostoyevsky, Gontcharof. Eran naturalistas tan crudos en lo formal, como podía serlo Zola; eran, en política, más revolucionarios; sus cuadros no cedían en vigor a los del hierofante; sólo que se diferenciaban de él en una cosa sencillísima: para los novelistas eslavos, Cristo había venido al mundo.

De esta fe, de esta convicción, ardiente y difusa, estaba impregnado el naturalismo de aquellos escritores, acaso nihilistas, pero empapados de una invencible piedad religiosa. De esta convicción se derivan páginas que conmueven, que infunden el sentimiento conocido por "religión del sufrimiento humano". Es el naturalismo del pintor español, que hizo vagar las blancas manos de Santa Isabel sobre la tiña y las costras de la cabeza de un mísero, y no infundió repugnancia. Porque no repugna lo material, sino la idea que despierta, y la caridad y el amor pueden sumergirse en el fango y tocar a la podre y salir limpios. Escribir como si Cristo no hubiese existido, ni su doctrina hubiese sido promulgada jamás, fue el error capital de la escuela, que procedía directamente del modo de ser de Zola, cuya escasa disposición para estudiar la

psiquis de la fe y del misticismo se demostró sobrada-
mente en la figura de Sergio Mouret y en la artificiosa
construcción de *El ensueño* (*Le rêve*). Y el misticismo
eslavo le derrotó, prolongando al mismo tiempo la era del
naturalismo en la novela, pero naturalismo con ventanas
y respiración, sin pseudo-ciencia y sin positivismo barato.

Ello fue que Zola, en 1887, dio a luz *La Tierra*. Sobre
venir el libro en mal momento, pasaba de la raya, llegan-
do a lo que no es fácil tolerar.

No serán los labriegos modelos de pulcritud, mas, si
juzgo por los que conozco –y son de un país menos ade-
lantado–, ni hablan ni proceden como quiere Zola. Sin
duda les domina la codicia del terruño; sin duda practi-
can, acaso forzadamente, una economía sórdida; pero es
gente que, hasta por instinto de prudencia defensiva, no
suelta atrocidades; la plebe urbana es más desvergonzada
en esto. Y lo que colmó la medida fue la escatología, per-
sonificada en un aldeano que lleva un mote divino; todo
lo cual tenía que causar náusea. Lo único que se vio, en la
larga novela, fue una figura tan apestosa. Los que había-
mos reclamado equidad para Zola, justicia para su talento, retrocedimos y echamos mano al pañuelo, rociado de
colonia, o más bien de mentol. No cabía ya defensa. Y lo
que nosotros callamos, lo gritaron los "cinco" del manifiesto célebre. Este documento se publicó en *El Figaro*, y

lo firmaron Pablo Bonnetain, Rosny, Luciano Descaves, Pablo Margueritte y Gustavo Guiches. La arremetida hervía en juvenil furor. Salía a relucir la falta de experimentación personal, la niñera del árbol genealógico, la ignorancia médica y científica del maestro, la obscenidad de propósito, el descenso a lo más hondo de la grosería y la suciedad. Y se alejaban del maestro "resueltamente, pero no sin tristeza", rehusando el título de naturalistas, para sí y para sus obras.

En vano se pudo objetar a esta protesta que Bonnetain hizo cosas incalificables, como el horrible *Charlot s'amuse*, y que los "cinco" no eran discípulos de Zola, monaguillos de la iglesia de Medan. (Estos se llamaban Maupassant, Hennique, Huysmanns, Céard y Alexis). Aunque Zola dijese, al enterarse del manifiesto, "no conozco a esos muchachos", esos muchachos eran eco de muchas voces y reflejo de innumerables impresiones, y cualquiera que fuese el móvil que les impulsaba al acto agresivo, no cabe decir que navegasen contra la corriente. La idea del discípulo, como Zola la entendía, era material y casera. Discípulos de un artista son los que de él reciben impulso, y desde lejos y sin que les conociese, pudieron los del manifiesto haberle considerado maestro hasta entonces.

El ensueño, que sigue a *La Tierra*, dícese que obedeció, más que al deseo de darse un baño de luz, al de entrar en la Academia, cosa que Zola ansiaba mucho. Peor el tema de *El ensueño* no cuadraba con sus aptitudes. Mejor pudo desenvolverlas en la "novela de los caminos de hierro", inferior, sin embargo, a su modelo *Crimen y castigo*, de Dostoyevsky, y hasta con resabios de folletín.

Luego viene *El desastre*, última obra de Zola en que aún no se advierte marcada decadencia. Como en *Germinal*, en *El desastre* el asunto era de grandiosas proporciones y adecuado a la amplitud épica que ostenta Zola. Debe aña-dirse que no es fundada la acusación de mal patriota y antimilitarista que con motivo de este libro cayó sobre el autor. Se ve, al contrario, que sentía la indignación y el dolor de la derrota y la mutilación del territorio. Releyendo *Las tardes de Medan*, se nota que lo mismo les sucedía a sus discípulos oficiales, que se propusieron escribir cada cual un cuento "antipatriótico", y sólo dieron la nota del patriotismo herido, de la sátira contra los cul-pables del desastre, pero no contra Francia. Y el cuento que correspondió a Zola, en esta coleccioncita, es franca-mente *chauvin*.

Cierto que en *El desastre* Zola nada omite, nada oculta. Los soldados, arrojando el fusil antes de haber disparado un tiro, o desertando para emborracharse mientras dura la batalla; el aldeano negándose a dar de comer a la ham-brienta tropa, defensora de la patria común, y rechazando a los heridos, por miedo a "líos con los prusianos"; la servidumbre del Emperador, sin pensar más que en su comodidad, en beber y regalarse, y en desear la retirada hacia París, para disfrutar al fin "camas limpias"; los generales y los coroneles, indiferentes a las privaciones del ejército, con tal que a ellos no les falte buen alojamiento y abundante manutención; los cultivadores traficando en víveres para el invasor, mientras los franceses sucumben de miseria, y deseando ver fusilados a los franco-tiradores, que pudieran llamarse franco-malhechores; la dama liviana que pasa indiferente y jovial de los brazos de un oficial compatriota a los del enemigo, haciendo escarnio de esa exaltación del amor por el patriotismo, que inspira toda abnegación a la mujer; la otra hembra que lleva la economía doméstica al extremo de lamentarse porque la cogen un mantel para izar bandera blanca; el fabricante ricachón, que ante la derrota del ejército sólo piensa en su fábrica, no se la vaya a demoler o a incendiar alguna bomba; el egoísmo, la pequeñez, el raquitismo de alguna parte de la nación, lo pone Zola de manifiesto fríamente, con serenidad de médico que refiere los síntomas de una enfermedad vergonzosa. –Entre las observaciones más curiosas y certeras que sugiere la lectura de *El desastre*, incluyo la de la inmensa importancia que Zola atribuye al estómago de los asuntos bélicos.

Así como el que lee las relaciones de guerras y hazañas españolas encuentra inagotable motivo de asombro en nuestra espantosa sobriedad, el que recorre las páginas del libro de Zola se convence de que el francés es una máquina que no funciona sin aceite. Las mayores tribulaciones, penas y clamores del ejército, son por la bucólica. Si engullen, todo marcha a las mil maravillas; si ayunan, todo se lo lleva pateta. Semejante ejército demuestra plenamente la exactitud de nuestro viejo refrán: "Tripas llevan pies, que no pies tripas". –Por lo mismo, la falta de víveres por imprevisiones de una Administración militar lamentable, explica desfallecimientos que a cobardía no pueden atribuirse.

Con igual precisión que los desfallecimientos, Zola narra los heroísmos, la defensa de Bazeilles, digna de todo lauro, las impaciencias de los cuerpos del ejército por encontrar al invisible enemigo y batirse al fin; y la idea que sugiere *El desastre* es que el ejército y la nación francesa fueron víctimas de una serie de fatalidades que se unieron en su daño. Se ve perfectamente en las páginas del libro la falta de plan, el abandono administrativo, la inepcia de los jefes, el desacierto en iniciar y dirigir la campaña. Errores estratégicos, deficiencias de organización incomprensibles, inutilizan el valor, por grande que sea. Y los errores podrán perder y hasta aniquilar a las naciones, pero no las deshonran, y acaso vale más proclamarlos para que no se repitan. Si comparo la opinión que refleja *El desastre* con otras de historiadores de aquel doloroso momento, no hallo tan severo a Zola.

Reconociendo los rasgos gloriosos y los sacrificios individuales, son escritores franceses los que afirman que Francia sufrió la invasión de un modo pasivo, fatalista, porque le faltaba fe. Traslado las palabras de Edmundo Lepelletier: "Es muy difícil conquistar a país que no acepte de antemano la conquista. Napoleón, con todo el genio y con sus invencibles *gruñones*, lo aprendió ante Zaragoza". No podemos considerar antimilitarista un libro que viene a demostrar que un ejército sucumbe, más aún que por falta de armamento y víveres, por falta de subordinación y disciplina; que la guerra es una necesidad, y la obediencia y respeto a los jefes y el entusiasmo patriótico primeros elementos de victoria.

En medio de fragmentos que impresionan, el libro es frío; a trechos no sabe disimular la documentación, fundirla armoniosamente y hacerla invisible al relato. El antiguo vigor se va, y queda la armazón de notas y apuntes, mostrando el esqueleto del árbol, ya quemado, de fuegos artificiales.

Varias debieron de ser las causas de la decadencia. Los escritos polémicos de Zola, de los cuales trataré al llegar a la crítica, contribuyeron a fijar la atención del público, hasta del más indiferente, en sus novelas; pero el programa era inaplicable, y su mismo autor no pudo atenerse a él, ni casi a los principios fundamentales naturalistas. La ciencia moderna especializa: Zola, al pretender abarcar el conjunto social, se vio obligado a vulgarizar ideas generales. La tendencia hacia el clasicismo, expresión del genio nacional de Francia, era, sin duda, sana y feliz; pero Zola procedía de la generación romántica, y al aspirar a la suma sencillez y la "lógica" hasta en el lenguaje, sólo consiguió ir perdiendo sus brillantes condiciones de sinfonista y colorista, y condenarse a un estilo mate, sordo, lento y apagado; trocar las joyas de la de Magdala por una cueva y una estera parduzca. Al profesar el determinismo como consecuencia del método experimental, se confinó en una psicología mecánica, quitándole a la lira infinitas y vibrantes cuerdas. Los caracteres en Zola tienen algo de elemental y rudimentario; no profundizó los arcanos del pensar y del sentir; tomó el instinto, no por raíz honda, sino por ley constante, prestando a la mayoría de sus personajes una vida entre automática y –fuerza es estampar esta palabra, empleada por muy certeros críticos– bestial. A consecuencia de este procedimiento, Zola ha solido caracterizar a sus héroes con un gesto, un ademán, una particularidad externa, que graba en nuestra mente la significación que el autor quiere atribuirles: así, el viejo minero de *Germinal*, escupiendo negro; la Dionisia de *Au Bonheur des dames*, con sus bandós alisados; la frente "en forma de torre" de los Froments. Tiene el recurso algo pueril, y descubriríamos sus precedentes en el arte primitivo, en la *Ilíada*, con Juno la de los ojos de buey y Aquiles el de los pies veloces; encontraríamos analogías entre este recurso artístico y la costumbre popular de los motes y apodos; y, sin embargo, la insistencia de Zola en la pincelada llega a prestar vida a las figuras. Agradaríame comparar detenidamente a Homero y a Zola: tal vez no falte quien lo haya hecho, pues existen ciertas similitudes entre el aedo de Esmirna y el burgués de París; son ambos poetas épicos, y poseen, en grado sumo, el don de mover las colectividades, de recoger y transmitir con grandiosas resonancias el confuso rumor de las muchedumbres. En la obra de ambos oímos estrellarse y mugir el "Ponto estrepitoso" de la masa humana, arrastrada por el instinto ciego.

Por el camino de la psicología mecánica y de los signos externos que la descubren, fue Zola derivando a mil leguas de su punto de partida, lejos de la observación y de las intenciones experimentales –si es que las tuvo alguna vez en el terreno de la posibilidad–; fue a incidir en el simbolismo. No cabe nada más opuesto a la estética naturalista; y los novelistas que realmente la practicaron (Flaubert, Maupassant, Daudet), si percibieron y expresaron a veces relaciones misteriosas de los objetos entre sí, recónditas afinidades, las tradujeron con la misma sobriedad y recato con que cruzaban por su espíritu, batiendo apenas las alas y envueltas en mil velos sutiles. En Zola el simbolismo, según va decayendo su arte, se presenta claro como las figuras decorativas de los frescos. Los simbolistas de escuela embozaron a propósito la idea en la oscuridad del lenguaje: Zola, al contrario, se afana por comunicarse a todos; el símbolo en él fue democrático, ni breve ni sugestivo, ni gracioso, como los adorables mitos helénicos, sino porfiado, lento, traducido al lenguaje vulgar.

Nana es de las novelas más simbólicas de Zola; y a propósito de este simbolismo, de la consabida *mosca de oro*, nacida de la corrupción social, no quiero omitir con cuánta sorpresa me di cuenta de las singulares semejanzas que existen entre *Nana* y un libro español raro y curioso, cuya existencia Zola ni sospecharía: *La lozana andaluza*. Ambos estudios y narraciones de la vida de una famosa cortesana coinciden –amén de otras analogías que no caben aquí– en hacer de la cortesana signo del rebajamiento de una época y la perversión de una gran capital; en retratar a los altos personajes, obligados a dar ejemplo de dignidad, prosternándose a los pies de la meretriz; en pintar cómo ella los escarnece; y para mayor similitud, si *Nana* termina con el anuncio del castigo providencial de la invasión germánica, *La lozana andaluza* acaba con el del saco de Roma.

El simbolismo de Zola es más utilitario y docente que artístico; y, en efecto, ese escritor, a quien se ha llamado *cerdo*, fue un porfiado moralista, un satírico melancólico –pecando en esto también contra los mandamientos del naturalismo, que no se cuida de enseñar ni de corregir. Si supusiésemos el novelista *experimental* soñado por Zola, uno que experimenta sobre el alma humana como el químico o el fisiólogo en su laboratorio sobre la materia, lo primero que le atribuiremos es la indiferencia moral del sabio, el cual ciertamente no pretende desarraigar las viciosas inclinaciones de una sal de cobre, ni modificar la censurable conducta de un conejo de Indias. La pasión de moralista, tan dominante en Zola, es inconciliable con sus teorías estéticas. Comparadle, por ejemplo, a Maupassant –que si figuró algún tiempo entre los discípulos de Zola, va poco a poco, ante el juicio gradualmente sereno de la posteridad, hombreándose con su maestro–. Maupassant tiene el sentimiento hondo, tranquilo, de la fatalidad natural, y lo tiene como un griego, como un clásico; Maupassant no es únicamente los ojos que miran y saben ver y la mano que sabe transcribir; algo recóndito nos insinúa Maupassant, porque algo recóndito e inefable nos insinúan también las estatuas helenas y los bronces del Renacimiento... pero no consintiera Maupassant, por todo el oro del mundo, en deformar la realidad a fin de que las muchedumbres recuerden ciertas verdades o reciban ciertas enseñanzas provechosas.

Las de Zola son trilladas. ¿Qué nos predica Nana con su simbolismo de la *mosca de oro*? Que la sensualidad enflaquece y degrada, no sólo al individuo, sino a los pueblos. ¿Y *El desastre*? Que los ejércitos sólo vencen cuando están bien organizados y cuando se mantiene en ellos la fe en sus jefes y el espíritu de disciplina. ¿Y el *Assommoir*? Que los obreros se pierden si no trabajan y que el alcoholismo hace estragos en las clases laboriosas. ¿Y *La ralea*? Que el agio y los chanchullos desprestigian a un régimen y preparan su caída. Son temas de prensa, de conferencia dominical, al alcance de cualquiera; pero Zola los trató del modo intensivo, pintoresco, aumentativo y sugestivo que le pertenecía; los desarrolló con energía brutal; acumuló cuantos rasgos y pinceladas, episodios y pormenores podían concurrir al fin propuesto; apartó sistemáticamente la parte de realidad que no se relacionaba con el tema, y llegó, merced a facultades singularísimas, a una verdadera originalidad, hasta donde nadie ignora; pero llegó, no sujetándose a sus propias teorías, sino prescindiendo de ellas.

No es que Zola no procurase documentarse: al contrario. Hay exceso de documentación en Zola; y andan, sembradas por las páginas del libro, otras hojas secas del árbol de la vida, que no son como la hoja verde nutrida por la savia del tronco. Los expertos en el vivir, los Cervantes, los Tolstoy, cuando narran, hácenlo sin que les estorbe la documentación *reflexiva*, cuyo indigesto peso, cuya *inasimilación*, se advierte en Zola. Los momentos realmente felices de Zola son aquellos en que, dominando al documento, hierve su imaginación.

Mientras Zola, teórico, reniega de la imaginación, la proscribe como a un duende maligno, pide verdad y solo verdad, Zola, artista, vive de la imaginación –de la suya, entendámonos–, que no identificaré (a pesar de los envenenamientos y las fúnebres nupcias de *Roma*, el suicidio floreal de Albina, las truculencias de la *Bestia humana* y otros recursos tales) con la imaginación de un Eugenio Sue o un Alejandro Dumas. Si en todo novelista, por más idealista que sea, hay buena parte de realidad, y por realista que se profese, buena parte de imaginación –en Zola quizás predomina este último elemento–. La imaginación del artista, en efecto, no es sino su modo peculiar de representarse las imágenes y de proyectarlas al exterior, transformadas con arreglo a ese modo peculiar. Nadie dudará que en Zola revista caracteres marcadísimos e inconfundibles la transformación, y se afirme a cada momento una visión propia, aun cuando para confirmar nuestro aserto no recordemos, ni siquiera en el idioma que desafía al pudor, la célebre frase latina en la cual Zola encierra su concepto del mundo.

Del espectáculo de las fuerzas naturales y las instituciones sociales; de los mil aspectos de la realidad, Zola, como todo artista, siente especialmente algunos, que impresionan su imaginación. La imaginación en Zola carece de magia y de encanto: es una cámara negra, es un espejo de metal trágicamente iluminado por relámpagos de pesimismo. No el pesimismo alto y desdeñoso de un Leopardi, sino otro pesimismo clínico, en su tenaz insistencia al mostrarnos el dolor de la carne, la miseria material del hombre. La imaginación de Zola, en cierto respecto (y por más que se refugie en el sensualismo), está muy impregnada de algunos dogmas del ascetismo cristiano. En este sentido, no pudo escamotear lo religioso, como probablemente creyó hacerlo. Su *hombre* es el de la naturaleza pervertida y viciada por el pecado original; su humanidad, una humanidad doliente, enferma, siempre aguijoneada por la concupiscencia y los apetitos corporales. Difícilmente concibo cómo pudiera Zola, que en sus últimas novelas manifiesta tanta fe en la redención y glorificación futura de la grey humana, y canta himnos a la vida, conciliar este optimismo con la noción del instinto del mal, sombrío y profundo, invencible, que late en otras obras suyas (por ejemplo, *La Bestia humana*).

Con todas sus negruras, la imaginación de Zola es su facultad maestra, el fondo temperamental por donde un escritor se diferencia y se afirma. Busco en Zola otra cualidad equivalente y no la encuentro. En sensibilidad, en equilibrio, en penetración, en observación, en composición, en estilo, en habla, ¡le son superiores tantos artistas contemporáneos suyos! No citaré sino a Daudet –que fue muchísimo más fiel que Zola en la transcripción de la realidad y pesó con balanza más justa la proporción de males y de bienes que nos rodean–, y se comprenderá, pensando en el autor del *Nabab*, que en cuanto a imaginación, con ser la de Daudet risueña, serena, fértil, florida, no puede compararse a la de Zola, cuyo vigor tuvo, en momentos dados, algo de hercúleo.

Situad a cualquiera que no sea Zola ante un mercado, una taberna, una mina, un almacén de novedades, un huerto abandonado, una casa de vecindad, y no verá allí más que lo inanimado, lo insignificante, la prosa llana, la ganancia, la pérdida, la conveniencia de arrancar las ortigas o lo abundante del marisco. A lo sumo, un artista verá colores, formas, líneas, efectos de luz, fondo para escenas. Zola verá vivir con extraña vida, con vida *imaginaria*, con vuelo y resuello de dragón o de grifo, con serpenteos de melusina, al mercado, al almacén, al huerto, y les prestará una personalidad *simbólica*, que ya, para nosotros, han de conservar siempre. He aquí la obra de la creadora fantasía, la obra propia de Zola. Como Homero daba voz y pasiones a los ríos, Zola presta amor al huerto abandonado, misterio maléfico a la mina, fatalidad atrayente a la taberna...

He notado, en Zola, las contradicciones entre el teórico y el artista; no debo omitir que, aun al tratar de aplicar sus teorías, cayó en errores análogos a los que pudieran reprocharse a cualquier autor que no predicase la ciencia experimental, ni el documento exacto. En sus polémicas con Sarcey, este sacó a relucir anacronismos de Zola, tan graciosos como hacer ver a Elena, la heroína de *Una página de amor*, desde lo alto del Trocadero, el año de 1853, la mole de la Ópera, edificio que por entonces no existía, y desatinos tan divertidos como el que otra heroína pesque quisquillas rosa, cuando las quisquillas no son color de rosa sino en aquellos mares donde la langosta viste cardenalicia púrpura... Y, emitiendo un juicio que la posteridad ha confirmado, añade Sarcey: "A Zola no se le cae de la boca la verdad, y vuelta con la verdad, pero es sencillamente un imaginativo, que toma por verdad las alucinaciones de su cerebro siempre activo y fecundo...". De ese cerebro, de esa imaginación que trabaja sobre datos de la realidad, aunque los aumente, apiñe, altere y desfigure, han salido chispazos de prodigiosas creaciones, entre escorias y cieno candente, como en los volcanes. Y los chispazos pertenecen a la época que queda reseñada aquí; ya veremos, a su tiempo, el enfriamiento y extinción del volcán, y el fin de la carrera, fin que contrasta de extraño modo con sus comienzos, aun cuando de ellos se derive, en la unidad lógica y secreta que existe, analizando bien, en el conjunto de toda vida humana.

Texto extraído de *La literatura francesa moderna.*
Tomo III: *El Naturalismo.* Madrid, 1911

Ivan Turguenev:
Hamlet y Don Quijote

Émile Zola:
Gustave Flaubert

Marcel Proust:
El caso Lemoine

Wilhelm Dilthey:
Satanás en la poesía cristiana

Emilia Pardo Bazán:
Balzac: la comedia humana

Ramón Gómez de la Serna:
Gérard de Nerval, una vida

Stefan Zweig:
Marceline Desbordes-Valmores

Manuel Azaña:
Cervantes y la invención del Quijote

Ralph Waldo Emerson:
Shakespeare y Goethe

Boccaccio:
Dante Alighieri: su vida y sus obras

Victor Hugo:
William Shakespeare

Mark Twain:
¿Ha muerto Shakespeare?

André Gide:
Oscar Wilde: in memoriam